BEI GRIN MACHT SICH IHR WISSEN BEZAHLT

AF153945

- Wir veröffentlichen Ihre Hausarbeit, Bachelor- und Masterarbeit

- Ihr eigenes eBook und Buch - weltweit in allen wichtigen Shops

- Verdienen Sie an jedem Verkauf

Jetzt bei www.GRIN.com hochladen und kostenlos publizieren

Funktion und Verwendungsmöglichkeiten einer virtuellen Maschine am Beispiel der Ratiodata IT-Lösungen & Services GmbH

Fabian Meiners

Bibliografische Information der Deutschen Nationalbibliothek:

Die Deutsche Nationalbibliothek verzeichnet diese Publikation in der Deutschen Nationalbibliografie; detaillierte bibliografische Daten sind im Internet über http://dnb.d-nb.de abrufbar.

ISBN: 9783346866790
Dieses Buch ist auch als E-Book erhältlich.

Druck und Bindung: Books on Demand GmbH, Norderstedt Germany
Gedruckt auf säurefreiem Papier aus verantwortungsvollen Quellen

Das vorliegende Werk wurde sorgfältig erarbeitet. Dennoch übernehmen Autoren und Verlag für die Richtigkeit von Angaben, Hinweisen, Links und Ratschlägen sowie eventuelle Druckfehler keine Haftung.

Das Buch bei GRIN: https://www.grin.com/document/1353512

Hausarbeit //

Funktion und Verwendungsmöglichkeiten einer virtuellen Maschine
am Beispiel der Ratiodata IT-Lösungen & Services GmbH //

Hochschule Weserbergland
Studiengang:
Wirtschaftsinformatik

Studierender:
Fabian Meiners

I. Inhaltsverzeichnis

II. Abbildungsverzeichnis

III. Abkürzungsverzeichnis

Abkürzung	Bedeutung
Ratiodata	Ratiodata IT-Lösungen & Services GmbH
VM	Virtual Machine
VMM	Virtual Machine Monitor
OS	Operating System
Host	Dienstrechner

1 Einleitung

In diesem Praxisbericht wird auf die Funktion einer Virtualisierungslösung und besonders auf deren Verwendungsmöglichkeiten im betrieblichen Umfeld am Beispiel der Ratiodata IT Lösungen & Services GmbH – im Folgenden nur noch Ratiodata genannt – eingegangen. Ziel dieser Arbeit ist es, die spezifischen Vor- und Nachteile einer Virtualisierungslösung herauszustellen, um Beweggründe für die Verwendung dieser aus Sicht eines IT-Dienstleisters verständlicher zu machen.

Der Bezug zu dieser Thematik begründet sich in der zunehmenden Bedeutung von Virtualisierungslösungen besonders für das Service Support Center der Ratiodata mit dem Schwerpunkt Netzwerktechnik und WLAN. Zudem stellt der Einsatz von Virtualisierungslösungen im Serverbetrieb der Ratiodata ein zentrales Thema der Netzwerktechnik dar. Virtualisierungslösungen werden ebenfalls als Dienstleistung der Ratiodata angeboten.

In dieser Arbeit wird zunächst auf die Grundlagen der Virtualisierungsidee sowie auf die technische Realisierung dieser eingegangen. Später werden Vor- und Nachteile sowie die tatsächliche Nutzung am Beispiel der Ratiodata dargestellt.

2 Virtualisierungstechniken

Es existieren verschiedene Arten und Möglichkeiten der Virtualisierung, die im Folgenden zur thematischen Einordnung und Vollständigkeit kurz dargestellt werden. Neben Techniken zur Hardware- und Netzwerkvirtualisierung wird sich diese Arbeit aus Platzgründen auf Techniken der Softwarevirtualisierung beschränken. Im Bereich der Softwarevirtualisierung unterscheidet man die Desktopvirtualisierung, die Applikationsvirtualisierung und die Servervirtualisierung.[1] Desktopvirtualisierung bedeutet, dass virtuelle Desktops auf einem zentralen Server für Clients bereitgestellt werden, sodass diese wie gewohnt arbeiten können. Die Verwaltung der Desktops geschieht jedoch zentralisiert.[2] Applikationsvirtualisierung hingegen heißt, dass eine virtuelle Ausführumgebung für eine An-

---

[1] Vgl. (Portnoy, 2012, S. 37-40)
[2] Vgl. (Lampe, 2010, S. 78)

wendung, also eigentlich ein Betriebssystem, virtuell nachgebildet und bereitgestellt wird.[3] Diese Arbeit wird sich auf die Servervirtualisierung, im Folgenden nur noch als Virtualisierung bezeichnet, fokussieren.

2.1 Virtualisierung

Virtualisierung lässt sich definieren als „[...] eine Methodik zur Teilung der hardwaremäßigen Ressourcen eines Computers [...], die dafür sorgt, dass mehrere Ausführungsumgebungen auf dieser Hardware entstehen."[4] Das heißt erst einmal, dass reelle Hardware-Komponenten durch Software abstrahiert dargestellt werden. Auf virtueller, also auf Software-Ebene, lassen sich somit ganze Computer zusammenstellen und als virtuelle Maschinen verfügbar machen.[5] Im Gegensatz zum klassischen Betriebssystem, das die Schnittstelle von Hardware und Software darstellt, kann ein gegenständlicher Computer, wie in Abbildung 1 dargestellt, nach diesem Prinzip mehrere virtuelle Maschinen abbilden, die sich jedoch allesamt auf die gleichen physikalischen Hardwarekomponenten beziehen. Realisiert wird dies durch eine Virtualisierungssoftware (Vgl. Abbildung 1), die entweder auf einem Wirtsystem (engl. "host system") installiert wurde oder ohne Host-Betriebssystem direkt auf die Hardwarekomponenten zugreift.[6]

---

[3] Vgl. (Portnoy, 2012, S. 39-40)
[4] (Mühe, 2007, S. 1) übersetzt nach (Singh, 2004)
[5] Vgl. (Portnoy, 2012, S. 20)
[6] Vgl. (Mühe, 2007, S. 2-3)

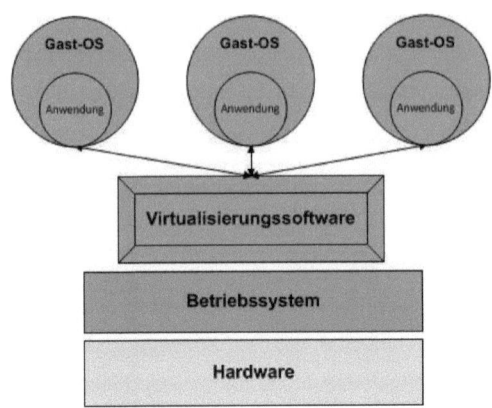

Abbildung 1 - Virtualisierung Abstrakt (Eigene Darstellung)

2.2 Virtuelle Maschine

Virtuelle Maschinen lassen sich als „[…] Container für traditionelle Betriebssysteme und Applikationen […]"[7] beschreiben. Abzugrenzen ist diese Definition jedoch von Techniken der Containervirtualisierung, bei der lediglich Programme in einer abgeschlossenen Umgebung gestartet werden, das Betriebssystem jedoch immer dasselbe bleibt.[8] [9]

Mit Containern sind in diesem Zusammenhang isolierte Software-Implementierungen gemeint, die auf virtueller Ebene „[…] die Laufzeitumgebung, wie sie von der realen Maschine bereitgestellt wird, vollständig nach[bilden] […]".[10] Ähnlich wie auf einem physischen Computer, kann eine virtuelle Maschine ein Betriebssystem unterstützen und auf Hardwareressourcen der eigentlichen Maschine zugreifen. Durch das Erstellen mehrerer virtueller Maschinen (auch Gast-Systeme oder Gäste genannt) können somit verschiedenste Betriebssysteme auf derselben reellen Maschine abgebildet werden. Der hauptsächliche Bestandteil einer virtuellen Maschine ist die Konfigurationsdatei, in der nutzbare Ressourcen der virtuellen Maschine (VM) beschrieben werden.[11]

---

[7] (Portnoy, 2012, S. 59)
[8] Vgl. (Schröder, 2011)
[9] Siehe Anhang A2, S.A3, Vergleich: Virtual Machines - Containers
[10] (Höxer, 2008, S. 1)
[11] Vgl. (Portnoy, 2012, S. 60)

2.3 Hypervisor

Der Hypervisor, auch "Virtual Machine Monitor" (VMM) genannt, stellt „das Herz-
stück einer virtuellen Maschine [...]"[12] dar. Die Funktion besteht, wie in Abbildung
2 zu erkennen, in der Verbindung zwischen Gast-Betriebssystem und physischer
Hardware, stellvertretend für ein mögliches Host-Betriebssystem.

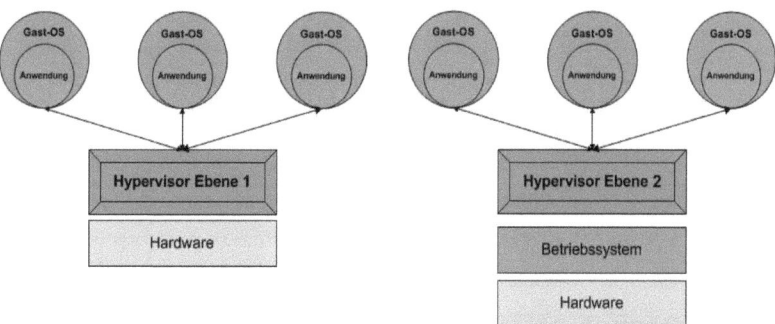

Abbildung 2 - Vergleich Ebene 1 zu Ebene 2 Hypervisoren (Eigene Darstellung)

Ohne Hypervisoren als „[...] Software-Schicht, die unter den virtuellen Maschinen
und über der Hardware angesiedelt ist"[13] würden alle virtuellen Maschinen gleich-
zeitig um die Nutzung der Hardwareressourcen konkurrieren. Ein Hypervisor be-
sitzt in diesem Fall die Funktion eines "Managers" der reellen Hardware. Er spielt
jedem verwendeten Gast vor, dass dieser direkt auf die physischen Hardwareressourcen zugreifen kann, wobei es sich bei der erkannten Hardware nur um
virtuelle Abstraktionen in einer isolierten Umgebung handelt. Des Weiteren steu-
ert ein Hypervisor die einzelnen Interaktionen zwischen Gast und Ressourcen
und regelt die zeitliche Abfolge der verschiedenen Anfragen, sodass die Anfor-
derungen eines Gastes möglichst schnell erfüllt werden.[14]

Je nachdem, ob ein Host-System installiert ist oder nicht, wird außerdem in
Ebene-1-Hypervisoren und Ebene-2-Hypervisoren unterschieden. Ein Ebene-2-
Hypervisor kann als Anwendungssoftware auf nahezu jedem Host-System instal-
liert werden. Dies ist möglich, da ein solcher Hypervisor die auf dem Host-System

---

[12] (Höxer, 2008, S. 6)
[13] (Portnoy, 2012, S. 41)
[14] Vgl. (Portnoy, 2012, S. 47-49)

installierten Hardwaretreiber verwenden kann, „[...]solange diese zum Betriebssystem kompatibel [sind].“[15] Ebene-1-Hypervisoren finden überwiegend im professionellen Betrieb Anwendung, da diese „[...] direkt mit den darunterliegenden Hardwareressourcen kommunizieren, wodurch dieser Typ aufgrund des geringeren Overheads[16] viel effizienter als ein Ebene-2-Hypervisor arbeiten kann.“[17] Ebene-1-Hypervisoren werden angesichts der fehlenden Betriebssystemschicht zwischen Hardware und Hypervisor auch „Bare-Metal-Hypervisor“ genannt.[18] Diese Hypervisoren kann man wiederum in Vollvirtualisierer und Paravirtualisierer unterscheiden. Vollvirtualisierer täuschen hierbei eine vollständige Hardwareumgebung für virtuelle Maschinen vor. Aufgrund dieser simulierten und von anderen VMs isolierten Umgebung können Vollvirtualisierer nahezu jedes Betriebssystem unmodifiziert unterstützen. Paravirtualisierte Systeme hingegen "wissen", dass sie virtualisiert sind und können direkt mit der von der Virtualisierungsschicht bereitgestellten und nicht mit der physikalischen Hardware kommunizieren. Dies erfordert jedoch Modifikationen im Betriebssystem des Gastes, damit die Kommunikation von Gast zu Hypervisor funktioniert.[19] [20]

3   Vor- und Nachteile einer Virtualisierungslösung

Der Einsatz von Virtualisierungslösungen bietet neben einigen Einschränkungen und Bedingungen oftmals viele Vorteile, wie im weiteren Verlauf dieses Kapitels beschrieben wird. Es ist jedoch immer zu beachten, dass diese vermeintlichen Vor- bzw. Nachteile sehr stark von der jeweiligen Anwendungssituation abhängig sind und nicht als allgemein gültig angesehen werden dürfen. Des Weiteren gibt es zum Teil große Diskrepanzen bezüglich der Vor- und Nachteile zwischen verschiedenen Virtualisierungsmethoden.

---

[15] (Mühe, 2007, S. 3)
[16] *„Als Overhead (deutsch Verwaltungsdaten) gelten Daten, die nicht primär zu den Nutzdaten zählen, sondern als Zusatzinformation zur Übermittlung oder Speicherung benötigt werden."* Definition nach (Wikipedia: https://de.wikipedia.org/wiki/Overhead_(EDV)) (Stand 08.01.2016)
[17] (Portnoy, 2012, S. 44)
[18] Vgl. (Portnoy, 2012, S. 44)
[19] Vgl. (Lampe, 2010, S. 75-76)
[20] (Whitaker, Shaw, & Gribble, 2002)

3.1 Performance

Ein großer Vorteil der Virtualisierung liegt in der Möglichkeit, durch das Verwenden mehrerer Betriebssysteme auf einem Server, diesen besser auszulasten. So kann die Anzahl benötigter physischer Computer stark reduziert werden, was im professionellen Umfeld wiederum große Auswirkungen auf die laufenden Kosten hat. Ersparnisse ergeben sich beispielsweise durch die geringere Temperaturentwicklung, den reduzierten Stromverbrauch, sowie den sehr viel geringeren Platzbedarf. Diese Zusammenfassung vieler Server erfordert jedoch den Einsatz von wenigen, aber leistungsfähigeren Servern, deren oftmals kostspielige Anschaffung als Nachteil gesehen werden kann.[21] In jedem Fall können allerdings die zur Verfügung stehenden Ressourcen für unterschiedlich anspruchsvolle Anwendungen zugeschnitten werden und somit eine Unter- bzw. Überlastung verhindert werden. Zudem können sogenannte Application Suites[22] auf einzelnen virtuellen Maschinen installiert werden, was oftmals eine bessere Performance dieser Anwendungen ermöglicht.[23] Betrachtet man die Auswirkungen auf die Performance, muss jedoch auch gesagt werden, dass bei jeder existenten Virtualisierungslösung minimale bis größere Einbußen der Leistung aufgrund der zusätzlichen Hypervisor-Schicht entstehen.[24]

3.2 Flexibilität

Weitere große Vorteile finden sich ebenfalls in der Flexibilität eines Systems unter Verwendung einer Virtualisierungslösung. Zum einen ist die Verwaltung an sich bei Verwendung mehrerer Gäste auf einem Server einfacher, da VMs beliebig auf andere Server verschoben werden können. Zum anderen besteht bei virtualisierten Systemen meistens keine direkte Abhängigkeit von der Software zur Hardware, sodass zum Beispiel Serverfarmen im Grunde als "Ressourcen-Pool" gesehen werden können.[25]

---

[21] Vgl. (Lampe, 2010, S. 74)
[22] Eigene Übersetzung: „Anwendungskollektionen"
[23] Vgl. (Singh, 2004)
[24] Vgl. (Wikipedia, kein Datum)
[25] Vgl. (Lampe, 2010, S. 74)

3.3 Verfügbarkeit

Die Verfügbarkeit und Uptime[26] eines Systems kann sich ebenfalls durch sinnvolle Virtualisierung verbessern. Falls eine virtuelle Maschine nicht mehr funktionsfähig sein sollte, kann deren Dienst zeitnah von einer anderen VM übernommen werden, ohne dass andere Systeme beeinflusst werden. Aufgrund der in Abschnitt 3.2 erläuterten Unabhängigkeit von Soft- und Hardware können außerdem Migrations- und Wartungsarbeiten im laufenden Betrieb durchgeführt werden, da laufende Systeme einfach auf andere Server verschoben werden können.[27]

3.4 Test und Entwicklung

Zu Test- und Entwicklungszwecken werden Virtualisierungslösungen ebenfalls vermehrt eingesetzt. Ein Grund dafür ist die Möglichkeit, Software sehr schnell auf verschiedenen Betriebssystemen testen zu können, selbst wenn die zu testende Software eigentlich nicht mit dem Host-System kompatibel ist.[28] Ebenso können auch beliebige Hardwarekonfigurationen mittels VM erstellt und getestet werden. Des Weiteren stellt die "Isolierung" einer virtuellen Maschine vom Rest des Systems einen großen Vorteil dar, um zum Beispiel nicht vertrauenswürdige Software zu testen oder absichtlich ein Betriebssystem "anzugreifen", um gezielt dessen Verhalten bei Fehlern zu analysieren. Der Hypervisor einer Virtualisierungssoftware kann hierbei oft als Debugging [29] oder Monitoring-Werkzeug verwendet werden. Darüber hinaus bieten Virtualisierungslösungen oftmals die Möglichkeit, den aktuellen Zustand bzw. die Konfiguration eines Betriebssystems zu speichern und durch Datensicherung (engl. „backups") wiederherzustellen. Dies vereinfacht die Arbeit an Betriebssystemen selbst, sowie an möglicherweise problematischen Softwarezusammenstellungen.[30]

---

[26] „Uptime ist ein englischer Ausdruck für die Zeit, in der ein Computersystem läuft und funktionstüchtig ist [...]" Definition nach (Wikipedia: https://de.wikipedia.org/wiki/Uptime) (Stand 07.01.2016)
[27] Vgl. (Lampe, 2010, S. 74)
[28] (Mühe, 2007, S. 19)
[29] Debugging ist eine Methode zur Fehleridentifizierung in Computersystemen.
[30] Vgl. (Singh, 2004)

4 Einsatz und Verwendung von Virtualisierungslösungen am Beispiel der Ratiodata

In der Ratiodata stellt das Prinzip der Virtualisierung aufgrund der täglichen Arbeit mit Servern und anderen Systemen ein wichtiges und aktuelles Thema dar. Zurzeit betreibt die Ratiodata ungefähr ein Drittel aller Server über diverse Virtualisierungslösungen. Der Umfang des Einsatzes und der Verwendung von Virtualisierungssoftware nimmt zu, sodass ungefähr die Hälfte aller Server in absehbarer Zeit virtualisiert werden wird. Neben dem Einsatz im direkten Serverbetrieb werden andere Virtualisierungslösungen wie z. B. die Virtualisierung für Desktop-PCs in der Ratiodata kaum eingesetzt. Zur Realisierung eines virtualisierten Systems werden besonders Softwareprodukte der Firma „VMware Inc." verwendet. Für den Betrieb interner Dienste und Systeme bzw. des Hausnetzes nutzt die Ratiodata ebenfalls die Software „Hyper-V" des Herstellers Microsoft.[31]

Die Umsetzung der Konsolidierung von Servern durch Virtualisierung über die genannten Softwareprodukte bietet die Ratiodata zudem als Dienstleistung an.[32]

Ein ausschlaggebender Grund für die Verwendung von virtualisierten Systemen speziell in der Ratiodata besteht in der Möglichkeit, Auslastungsdifferenzen auszugleichen. In der Praxis werden Server je nach Aufgabe, die diese erfüllen sollen, sehr unterschiedlich ausgelastet. So werden besonders tagsüber einige Server durch Kundenanfragen ausgelastet, während die Hardwareressourcen außerhalb der üblichen Zugriffs- bzw. Arbeitszeiten kaum genutzt werden. Andere Server wieder rum werden nahezu nur nachts, zum Beispiel durch Buchungen der Personalsysteme, in Anspruch genommen und finden tagsüber kaum Verwendung. Durch das Zusammenfassen von Servern mit unterschiedlichen Belastungszeiten innerhalb einer virtuellen Umgebung wird die Gesamtauslastung ausbalanciert und es lassen sich Hardwareressourcen einsparen.[33]

---

[31] Vgl. (Nürnberger, 2016)
[32] (Ratiodata IT-Lösungen & Services GmbH, 2015)
[33] (Ratiodata IT-Lösungen & Services GmbH, 2015)

Andere Vorteile wie zum Beispiel die in Kapitel 3.2 beschriebene Flexibilität macht man sich in der Ratiodata ebenfalls zu Nutze. Im konkreten Anwendungsfall werden beispielsweise sogenannte Images[34] für bestimmte Hardwarezusammenstellungen optimiert und können auf Systemen mit gleicher Hardware sehr flexibel verwendet werden. Für jegliche anderweitige Tests, die ein System möglicherweise beeinflussen könnten, werden virtuelle Maschinen als Testumgebung erstellt. Die virtuellen Maschinen können nach dem Testen einfach gelöscht werden und stellen dabei keinen Unterschied zum Test auf einem nicht virtualisierten Server dar.[35]

Aufgrund des Kundenkreises der Ratiodata, der im Bereich der Netzwerk-Services nahezu ausschließlich aus Banken besteht,[36] stellt die Hochverfügbarkeit aller Server und Dienste eines der wichtigsten Ziele dar. In der Ratiodata werden daher aktuell vier verhältnismäßig leistungsstarke Server mit jeweils 192 GB Arbeitsspeicher und zwei Prozessoren mit jeweils 24 Kernen[37] betrieben, die durch Virtualisierung jeweils mehrere Anwendungen und Dienste bereitstellen. Tritt der Fall ein, dass einer der Server nicht mehr ordnungsgemäß funktioniert, werden alle Dienste durch die betriebene VMware automatisch auf andere Hardwareressourcen verlagert. Aktive Sessions (d. h. bestehende Verbindungen zwischen Clients und Hosts) bleiben selbst bei einem Ausfall erhalten und werden ebenfalls von einem anderen Server übernommen.[38]

Es gibt jedoch auch einige Praxisfälle, in denen die Ratiodata bezüglich des Serverbetriebs keine Virtualisierungslösung einsetzt. Als Beispiel hierfür wären Datenbankserver anzuführen, die hinsichtlich der Performance sehr von der Geschwindigkeit einzelner I/O Operationen (Schreib/Lese-Zugriffe) abhängig sind. Aufgrund der Tatsache, dass in der Ratiodata nur mit Vollvirtualisierern gearbei-

---

[34] *„Ein Speicherabbild oder Datenträgerabbild (kurz Abbild, englisch image) ist eine Abbildung eines Datenträgers oder Datenspeichers, welche [...] in einer Datei gespeichert werden kann."* Definition nach (Wikipedia: https://de.wikipedia.org/wiki/Speicherabbild)
[35] (Ratiodata IT-Lösungen & Services GmbH, 2015)
[36] (internes Mitarbeitergespräch, 2016)
[37] (internes Mitarbeitergespräch, 2016)
[38] (Ratiodata IT-Lösungen & Services GmbH, 2015)

tet wird, gibt es beim Einsatz einer solchen Virtualisierungslösung Performance-einbußen von „[...] ca. 4-6% hinsichtlich der maximalen Rechenleistung"[39] aufgrund des zusätzlichen Overheads. Da es bei Datenbankservern maßgeblich auf die Performance ankommt, werden in diesem Anwendungsfall demnach keine virtuellen Maschinen verwendet.

In der Ratiodata wird nach der Philosophie „Eine Anwendung auf einem Server" gearbeitet, wodurch bei einem Angriff auf ein System keine direkte Möglichkeit besteht, auch andere Systeme zu kompromittieren. Die Verwendung von Virtualisierungslösungen bzw. das Ausführen von mehreren Anwendungen auf einem Server stellt daher ein erhöhtes Sicherheitsrisiko dar. Mit Hilfe von Virtualisierungslösungen kann man Systeme mit deutlich geringerem Hardwareaufwand ausfallsicher betreiben. Ohne virtuelle Maschinen müsste es für jede einzelne Anwendung zwei Server geben, um durch Redundanz Ausfallsicherheit zu gewährleisten.[40]

5 Fazit

Zusammenfassend kann gesagt werden, dass Virtualisierungstechniken im professionellen Anwendungsbereich eine wichtige Weiterentwicklung im Hinblick auf zukünftige Rechenzentren darstellen. Die erörterten Vorteile bieten viele Möglichkeiten für Unternehmen, ihre Rechenzentren wirtschaftlicher und effizienter gestalten und nutzen zu können. Durch die Zentralisierung von Hardwareressourcen können Unternehmen jeglicher Branche ihre IT in spezialisierte Betriebe auslagern, ohne große Serverräume innerhalb eines Unternehmens betreiben zu müssen. In den Rechenzentren selbst werden durch Virtualisierung viele Server zusammengefasst, wodurch der Platzbedarf auch hier sehr stark sinkt. Für die Erweiterung eines Rechenzentrums müssen somit keine neuen Flächen für Serverschränke o. Ä. geschaffen werden, da eine Steigerung der vorhandenen Rechenleistung aufgrund der Virtualisierung den gleichen Effekt erzielt. Hinzu kommen weitere Kostenersparnisse durch geringeren Strom- bzw. Kühlungsbedarf.

---

[39] (Ratiodata IT-Lösungen & Services GmbH, 2015)
[40] (Ratiodata IT-Lösungen & Services GmbH, 2015)

Besonders das Verwalten und Warten von Servern, wie es die Ratiodata als Dienstleistung anbietet, wird durch die beschriebenen Vorteile hinsichtlich der Flexibilität virtualisierter Systeme erleichtert. Um Softwareprodukte auf verschiedenen Systemen zu testen, können diese zudem innerhalb einer virtuellen Maschine in kürzester Zeit installiert und anschließend mit der virtuellen Maschine wieder gelöscht werden.

Als Zukunftsausblick lässt sich festhalten, dass die Integration von Virtualisierungslösungen innerhalb der Ratiodata weiterhin fallspezifisch gehandhabt werden wird, sodass individuell für jeden Server entschieden wird, ob eine Virtualisierung sinnvoll ist. Obwohl es keine definierte Zielvorgabe gibt, lässt sich allgemein sagen, dass der Einsatz von virtualisierten Systemen aufgrund der genannten Vorteile zunehmen wird. Rechenzentren werden heutzutage immer mehr „[...] zu einem Ressourcen-Pool [zusammengefasst] und je nach Bedarf bestimmten Aufgaben [zugewiesen]."[41] Durch sogenannte Paravirtualisierung werden außerdem Verfahren geschaffen, die eine Virtualisierung ohne oder mit nur sehr geringen Performanceeinbußen ermöglichen, sodass in Zukunft weitere Ausschlusskriterien für den Einsatz eines virtualisierten Systems entfallen werden. Bezüglich des Einsatzes in der Ratiodata ist absehbar, dass die Integration von Virtualisierungslösungen jeglicher Art mit der technischen Weiterentwicklung zunehmen wird.[42]

---

[41] (Lampe, 2010, S. 74)
[42] (Ratiodata IT-Lösungen & Services GmbH, 2015)

IV. Literaturverzeichnis

Höxer, H.-J. (2008). *Optimierung der Schnittstelle zwischen Hypervisor und Betriebssystemkern bei virtuellen Maschinen.* Universität Erlangen-Nürnberg.

Lampe, F. (2010). *Green-IT, Virtualisierung und Thin Clients.* Wiesbaden: Vieweg+Teubner.

Mühe, H. (2007). *Virtualisierung - Geschichte, Techniken und Anwendungsfälle.* München: GRIN Verlag.

Nürnberger, M. (12. Januar 2016). Interview zum Thema Virtualisierung in der Ratiodata. (F. Meiners, Interviewer)

Portnoy, M. (2012). *Virtualisierung für Einsteiger.* Weinheim: WILEY-VCH Verlag GmbH & Co. KgaA.

Ratiodata IT-Lösungen & Services GmbH. (2015). Abgerufen am 5. Januar 2016 von Unternehmen: http://www.ratiodata.de/html/ratiodata/

Ratiodata IT-Lösungen & Services GmbH. (2015). Abgerufen am 13. Januar 2016 von IT-Solutions: Virtualisierung: http://www.ratiodata.de/html/it-systemhaus/it-solutions/virtualisierung/

Schröder, C. (2011). *Container-Virtualisierung mit Docker.* Lübeck: Universität zu Lübeck.

Singh, A. (Januar 2004). *kernelthread.com.* Abgerufen am 4. Januar 2016 von http://www.kernelthread.com/publications/virtualization/

Whitaker, A., Shaw, M., & Gribble, S. D. (2002). *Lightweight Virtual Machines for Distributed and Networked Applications.* The University of Washington.

Wikipedia. (kein Datum). Abgerufen am 7. Januar 2016 von Virtuelle Maschine: https://de.wikipedia.org/wiki/Virtuelle_Maschine

V. Anhangsverzeichnis

A1. Interview zum Thema Virtualisierung in der Ratiodata vom 12.01.2016

Gesprächspartner: Markus Mustermann, Ratiodata Abteilung für interne IT

In welchem Umfang werden Virtualisierungslösungen in der Ratiodata eingesetzt?

Ungefähr 1/3 aller Server der Ratiodata arbeiten zurzeit über verschiedene Virtualisierungslösungen. Die Tendenz ist hierbei allerdings steigend, sodass in naher Zukunft ca. die Hälfte aller Server über Virtualisierungslösungen betrieben werden wird. Eingesetzt werden Möglichkeiten der Virtualisierung besonders im direkten Serverbetrieb und nicht für zum Beispiel einzelne Desktop Computer.

Über welche Softwarelösungen wird in der Ratiodata virtualisiert?

Generell arbeiten wir überwiegend mit Produkten der Firma VMware Inc. Im eigenen Hausnetz kommt ebenfalls Hyper-V, eine Software des Herstellers Microsoft, zum Einsatz.

Welche konkreten Vorteile bietet diese Umsetzung für die Ratiodata?

Besonders Auslastungsdifferenzen können über Virtualisierung umgangen werden. In der Ratiodata ist es so, dass einige Server z. B. tagsüber stark durch Kunden genutzt werden, während diese Ressourcen nachts brachliegen. Andere Server wiederum werden besonders nachts durch Buchungen der Personalsysteme etc. beansprucht. Durch Virtualisierung lassen sich diese Aufgaben zur optimalen Auslastung in einem Server vereinen.

Zudem sind virtualisierte Systeme sehr flexibel. Images zum Beispiel können für eine bestimmte Hardwarezusammenstellung optimiert werden und es besteht keine weitere Abhängigkeit der Software zur Hardware.

Zum Testen einer Software bieten Virtualisierungslösungen ebenfalls Vorteile. So kann eine virtuelle Maschine zu Testzwecken erstellt werden und wird im Nachhinein einfach wieder gelöscht.

Als letztes möchte ich noch den großen Vorteil der Hochverfügbarkeit ansprechen. In der Ratiodata laufen vier große, leistungsstarke Server (viel RAM etc.), auf denen Anwendungen in virtualisierten Umgebungen ausgeführt werden. Sollte einer dieser Server ausfallen, werden alle Dienste automatisch von einem anderen Server übernommen. Dabei bleiben sogar aktive Sessions erhalten. Der Nutzer würde somit als einzige Auswirkung des Serverausfalls eine Verzögerung von wenigen Sekunden spüren.

Gibt es weitere Vor- oder Nachteile im Hinblick auf Sicherheitsaspekte?

Diese Frage lässt sich pauschal mit nein beantworten, da wir in der Ratiodata die Philosophie „Ein Produkt auf einem Server" pflegen, wodurch es keinen Unterschied bezüglich der Isolation eines Systems zu einer virtuellen Maschine gibt. Die benötigten Hardwareressourcen, um ein System ausfallsicher zu betreiben, sind jedoch aufgrund der zuvor genannten Vorteile sehr viel geringer. Ohne Virtualisierung müsste es für jedes Produkt mindestens zwei Server geben, um Hochverfügbarkeit gewährleisten zu können, was einen enormen Hardwareaufwand darstellt.

Gibt es konkrete Ziele hinsichtlich des Einsatzes von Virtualisierungslösungen?

Eine festgeschriebene Zielformulierung gibt es nicht. Für den Einsatz von Virtualisierungslösungen entscheiden wir uns fallspezifisch und praxisorientiert.

Wir versuchen natürlich die Vorteile der Virtualisierung so gut es geht zu nutzen, jedoch gibt es auch Praxisfälle, in denen Virtualisierung nicht angewendet wird

In welchem Zusammenhang wird sich gegen Virtualisierung entschieden?

Zum Beispiel unsere Datenbankserver verwenden keine Virtualisierungslösung. Aufgrund der vielen I/O-Operationen (Zugriff auf Festplatte/Datenbank von Software) ist hier besonders die Performance von Bedeutung. Da wir in der Ratiodata nur Vollvirtualisierer (VMware, Hyper-V) einsetzten, gibt es jedoch Einbußen von ca. 4-6% hinsichtlich der maximalen Rechenleistung.

A2. Vergleich: Virtual Machines - Containers

Anm. der Redaktion:

Aus urheberrechtlichen Gründen wurde diese Abbildung entfernt.

Abbildung 3 Virtual Machines vs. Containers (Quelle: http://patg.net/containers,virtualization,docker/2014/06/05/docker-intro/) Abgerufen am 19.01.2016